YALTA.

# LA CRIMÉE HISTORIQUE

Située au sud de la Russie, entre la mer Noire et la mer d'Azov, et reliée par l'isthme de Pérékop aux vastes plaines de la Tauride, la Crimée eut, aux lointaines époques historiques, le même sort que les steppes des Nogaïs. Les conquérants y déversèrent, dans les temps reculés, d'Orient en Europe, les flots de leurs hordes sauvages. Sous ces ouragans des premières invasions, les peuplades établies primitivement en différents points de cette péninsule disparurent sans laisser aucune trace; et, pareillement, des colonies grecques fixées sur les côtes de la presqu'île, quelques ruines, quelques tombeaux restèrent les seuls souvenirs. Pour rattacher les populations de la Crimée à l'histoire de l'Europe, il faut descendre jusqu'à la domination des Tartares. Ceux-ci, au commencement du quinzième siècle, sous la dynastie des Geraï, qui remontaient à Gengiskhan, tenaient en leur pouvoir tout le nord de la contrée, tandis que le sud était aux mains des Génois, refoulés de Kaffa ou Théodosie. Devant cette dernière ville, une des plus riches et des plus florissantes alors, parut le 1er juin 1475, vingt-deux ans après la prise de Constantinople, une flotte turque de 482 voiles, qui s'empara non seulement de « l'infidèle » (Kaffa), mais de toutes les colonies génoises, et fit des khans tartares les maîtres de toute la Crimée, avec obligation de vassalité envers Stamboul. Le plus illustre de ces khans, Devlet-Geraï, contemporain de Pierre le Grand, jouissait d'une grande considération auprès du sultan. Il lui conseilla, après la capitulation de Husi sur le Pruth, acceptée par le grand vizir Baltadsch-Mehemet, dans la guerre des Turcs contre le prince de Moldavie Cantemir, et le tsar, de reprendre aussitôt les armes. Et comme il avait le pied dans l'étrier, prêt à retourner en Crimée, le chef des croyants lui demanda :

— Tu hésites à partir, pourquoi?

— J'attends que tu me donnes la tête de Baltadsch-Mehemet.

On la lui donna, et de plus celles du reis-effendi et de l'agha des janissaires.

Ce Devlet-Geraï était puissant. Son khanat s'étendait jusqu'au Danube, et confinait, à l'est, au Caucase; au nord, à la Petite-Russie. Il pouvait mettre en campagne 200,000 hommes sans dégarnir ses forteresses, et il tenait tête aux ennemis. En 1736, Munnich, avec une armée russe de 100,000 hommes, assiégea et prit la citadelle qui défendait l'entrée de l'isthme. Il poussa jusqu'à Simféropol, mais dut se replier, à la suite des fièvres qui décimaient ses troupes. Le khan, prenant en personne le commandement des Tartares, repoussa les envahisseurs. Les Russes renouvelèrent leur tentative l'année suivante et les ravages commis par les belligérants épuisèrent complètement la péninsule. On signa la paix en 1740. Elle dura vingt-huit ans. La reprise des hostilités entre Turcs et Russes jeta les uns et les autres en Crimée par Pérékop et par Arabat. Le khan fut détrôné et remplacé par Sahim-Geraï, qui se plaça sous la protection de Catherine II. Les conventions de Koutchouk-Kainardji, en 1774, assurèrent l'indépendance de la Crimée, mais Catherine s'empressa de s'en arroger la possession réelle en y envoyant des colonies marchandes de Juifs et d'Arméniens. Les Tartares continuant de menacer le khan, la Russie se decida ouvertement à affirmer son autorité, et le khanat fut, en 1783, incorporé dans l'empire des Romanoff. Catherine visita, en 1787, ses nouveaux territoires. Le favori Potemkin, pour faire croire à la prospérité de la Crimée, eut l'idée de charger des artistes habiles de peindre un panorama qui offrait au loin l'aspect de villes et de villages, devant lesquels des pasteurs veillaient sur de nombreux troupeaux, et à mesure que le cortège royal avançait dans le pays, on faisait reculer devant lui ces tableaux fictifs de la richesse agricole. Au vrai, la Crimée, abandonnée en masse par ceux qui redoutaient les guerres et les épidémies, devenait progressivement déserte, et elle se serait pour ainsi dire entièrement dépeuplée si les tsars, successeurs de Catherine, n'avaient interdit l'émigration sous les peines les plus sévères. Grâce à cette mesure et aux lois introduites surtout par Alexandre Ier, les habitants s'attachèrent à leurs foyers, et améliorèrent ainsi leur condition. Arméniens, Grecs, Juifs, Tartares, Allemands, Russes vinrent s'y mêler en plus grand nombre à la population. De grands propriétaires et les tsars eux-mêmes y bâtirent, principalement sur la côte méridionale, de magnifiques résidences, les Narichkine à Mischkov, les Potocki à Livadia, les Voronzoff à Aloupka, etc. Pendant une cinquantaine d'années, on put croire en Crimée à une existence exempte de troubles, lorsque, en 1853, éclata la guerre d'Orient, qui mit aux prises la Russie avec la Turquie, celle-ci ayant pour alliées l'Angleterre, la France et la Sardaigne. Depuis ces événements que clôtura le traité de Paris, la presqu'île est restée exempte de ces désastres qui accompagnent toujours les collisions entre grandes nations dans un étroit espace livré à leur merci.

La Crimée, losange irrégulier, ne mesure en effet que 26,000 kilomètres carrés. Sa plus grande diagonale, du promontoire Tarkanski au détroit d'Ienikaleh, atteint à peine 320 kilomètres, et sa longueur, de l'isthme de Pérékop au cap Saritsch, est tout au plus de 240 kilomètres. Le nord de la péninsule est plat et nu : un ancien fond de mer desséché. Çà et là quelques villages tartares, arrosés par le Salghir et ses affluents. Le sud,

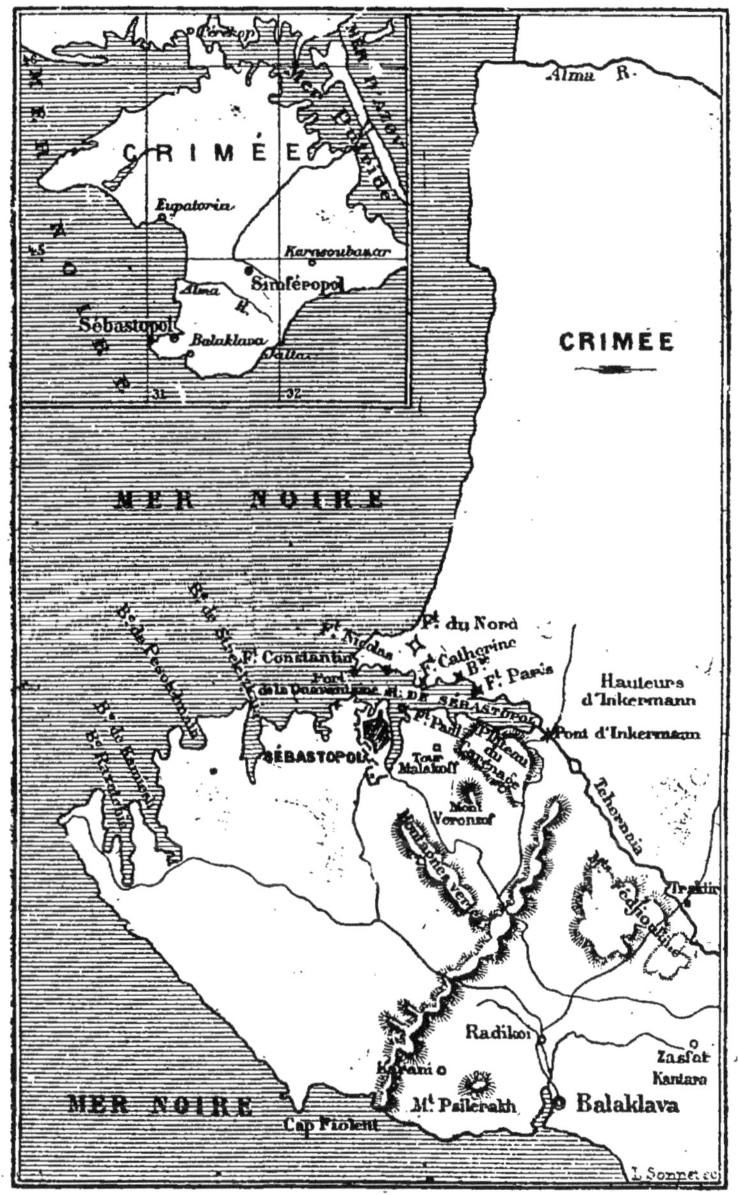


CARTE DE LA CRIMÉE.

plus riche, plus peuplé, est tout en hauteurs offrant une végétation florissante. Une montagne, large de 9 à 10 lieues, se dresse obliquement dans toute la longueur de la Chersonèse, de Sébastopol à Kertch, avec des altitudes de 1,580 mètres, Le sommet culminant de cette chaîne est le Tchaty-Dagh, d'où l'on embrasse le littoral de la mer Noire. La capitale actuelle de la péninsule, Simféropol, a 38,000 habitants; Sébastopol, le port militaire, n'en compte que 34,000. Les autres villes importantes sont Baktchi-Seraï, Karasoubasar, Kaffa (Theodosia) et Kertch. Nous ne décrirons pas ici Sébastopol, dont il sera parlé plus loin. Simféropol, situé sur la ligne de démarcation des montagnes et des steppes, est un véritable caravansérail, un marché où huit races différentes, Tartares, Russes, Tziganes, Arméniens, Grecs, Bulgares, Juifs, viennent apporter leurs marchandises, en remplissant les rues de cris et de tumulte. Bâtie sur un rocher, la capitale a dans son voisinage les ruines d'une antique cité dont on voit encore les murs, sans que l'on sache par qui ils ont été construits. Un intérêt historique tout particulier se rattache à Kertch, l'antique Panticapéon fondé par les Milésiens, et la ville royale de Mithridate Eupator. Une montagne qui domine le détroit porte encore le nom du fameux adversaire de Rome.

La plus belle partie de la Crimée est le vallon d'Alouchta, entouré d'une ceinture de rochers volcaniques. « Le littoral, dit M. Lanier, est parsemé de châteaux, de maisons de campagne et de fermes appartenant aux grands seigneurs russes; d'Alouchta à Ialta, la route ressemble à un jardin anglais. Là sont les résidences célèbres d'Orianda, de Livadia, de Khoreïs, où Mme de Krudener vint mourir, d'Oursouf, où le duc de Richelieu, gouverneur de la Tauride, fit bâtir, au milieu des domaines tartares, une délicieuse villa. Les vallons fertiles, couverts de vignobles et d'arbres fruitiers, les collines boisées semées de ruines pittoresques, se prolongent au delà d'Alouchta. Mais à l'entrée de la presqu'île de Kertch le paysage change soudain; on entre dans les régions des steppes : des collines pelées, incultes, des plaines arides, monotones, une campagne désolée, voilà ce qui apparaît aux regards à mesure qu'on approche de Theodosie. »

Baktchi-Seraï (le palais des jardins) est une ville d'origine tartare, et ce sont des Tartares qui l'habitent presque exclusivement. Le palais des khans en est le seul ornement, mais cet édifice avec ses dépendances est d'une beauté saisissante. On y remarque surtout une grande mosquée et les tombeaux des anciens princes souverains de la Crimée. Les tsars veillent à l'entretien du palais. Nicolas Ier y a consacré des sommes considérables. Eupatoria, que les Russes appellent Koslov, a aussi un aspect oriental. Ce qu'on y voit tout d'abord, c'est la coupole de la mosquée, les minarets au toit vert, et l'église grecque. C'est à Eupatoria que l'on trouve les Kharaïms, dont la physionomie et l'habillement contrastent avec l'extérieur des Tartares.

La Crimée, peu salubre dans son ensemble, n'aurait, pour la Russie qui la possède, qu'une valeur peu importante, si, à côté de ses sites pittoresques, elle ne se recommandait par ses productions, l'excellence de ses fruits, la qualité de ses vins, et si, au point de vue stratégique, elle n'était incomparablement avantageuse pour abriter dans ses ports et ses baies la flotte russe en observation dans la mer Noire. C'est son avantage principal, mais il est de premier ordre.

Charles SIMOND.

EUPATORIA. — MOSQUÉE DE DSCHOUMA-DSCHAMI.

# SÉBASTOPOL ET LA CRIMÉE [1]

En mer Noire, 13-14 septembre.

Voilà dix ans que je ne m'étais trouvé en pleine mer, sur le pont d'un bateau. C'est comme une maison d'autrefois où je rentre après ce long temps. Les vagues qui la portent arrivent tout droit du Bosphore, chargées de visions familières. Je reconnais mon vieil Orient, sa mer et son ciel accablés de chaleur, saturés de clarté. Il semble que dans ce grand creuset on ait broyé de l'or et des turquoises pour éblouir les yeux. Le soleil se couche dans une gloire indicible, si calme, si fort, sûr d'avoir bien accompli sa tâche et sûr de son lendemain. L'eau fait dans le sillage un petit bruit doux, le frissonnement de soie d'une bien-aimée qui entre. A la nuit, la voix du large enforce et devient plus solennelle; la pleine lune déroule devant le bateau son chemin de lumière, qui tremble sur le disque sombre de la mer. Cette heure agit toujours sur les natures les plus lourdes; tous ces gens qui arpentaient le pont en causant bruyamment se rassemblent, regardent et se taisent. Il y a là des négociants partis pour chercher fortune, des malades pour chercher la santé, des oisifs pour chercher le plaisir; la recherche vaine qui les a occupés tout le jour, ces pauvres hommes l'oublient un instant; quelque chose leur remonte à fleur d'âme;

(1) Ces pages sont extraites, avec l'autorisation de l'auteur, du volume intitulé : *Souvenirs et visions*, par le vicomte E. M. de Vogüé. (Paris, librairie Plon.)

ils se laissent envelopper de paix et de silence, comme un passant affairé qui traverse un lieu où l'on prie.

Dans la soirée, un jeune officier se met au piano; quelques passagers qui ne se connaissaient pas le matin, des marchands de Moscou, je crois, se groupent autour de lui et chantent en chœur, sur une cadence grave et triste, des airs russes apparentés à la voix de la mer. Les deux voix se confondent : l'une faite de toutes les vagues du large, l'autre de tous les sentiments humains. Ce qu'elles expriment est identique, toutes deux sont d'accord sur la double mesure qui rythme la vie universelle : un infini cri d'amour, parce que cette vie veut se perpétuer, un infini cri de détresse, parce que la mort sous toutes ses formes l'en empêche, parce que cet effort d'amour est sans cesse déçu par la fuite de son objet.

A l'aube, nous mouillons à Eupatoria; une mauvaise rade, une ligne de maisons sur une bande de sable, quelques minarets de mosquées. A ce même jour et à cette même heure, il y a trente-deux ans, le 14 septembre 1854, les premiers bataillons des alliés débarquaient sur cette plage. Nous ne touchons qu'un instant à Sébastopol; je reviendrai ici plus à loisir.

Depuis Eupatoria, on suit de près la côte, plate et basse jusqu'au phare de Chersonèse, qui s'élève à la pointe occidentale de la Crimée; après avoir rangé le phare, on tourne à angle droit et l'on fait route vers l'est, au pied de la muraille méridionale. La falaise se redresse rapidement; la roche apparaît à pic, avec des veines rouges ou dorées qui se détachent dans la lumière crue sur le bleu intense de la mer. Ce sont les aspects des côtes de Grèce. L'illusion est complète quand on passe sous le monastère de Saint-George; il rappelle de tous points ceux de l'Athos, avec ses églises qui se profilent là-haut sur l'arête, à pic au-dessus de l'abîme. Ce monastère est bâti sur le cap Parthénion, où fut un temple de Diane. En Orient, les lieux de prière ne changent jamais, alors que la prière se transforme. Là où l'adoration des hommes s'est une fois posée, les sanctuaires renaissent de leurs ruines pour enfermer des symboles nouveaux; comme ces chênes abattus qui repoussent du pied, continuant dans un individu rajeuni la vie impérissable d'un même gland.

Après le cap Parthénion, une étroite fissure s'ouvre entre deux mamelons : c'est le goulet qui donne accès dans la baie de Balaklava, une mer intérieure en miniature et l'abri le plus sûr du littoral; on sait quels services il rendit aux Anglais. Au delà de Balaklava commence la haute chaîne des monts de Crimée; mais cette expression ne donne pas une idée exacte de l'architecture de la presqu'île. Le Yaïla — c'est le nom turc conservé à cette chaîne, et qui signifie « plateau des pâturages » — est, en réalité, une falaise géante, coupée à pic, dont la crête court à 1,500 ou 1,600 mètres au-dessus de la mer, sur une longueur de 180 kilomètres, depuis Balaklava jusqu'à Kertch. Le versant nord n'est que la continuation de la steppe russe, interrompue un moment par les lagunes putrides de l'isthme de Pérécop, et qui reprend au delà avec sa physionomie habituelle, plane, dénudée, soumise à des hivers rigoureux ; elle se relève insensiblement jusqu'au sommet des plateaux du Yaïla. Tout autre est le versant sud ; une paroi perpendiculaire, abrupte ; entre le pied de cette muraille et la mer, sur les pentes formées d'anciens éboulis, une bande de terre, large de trois à six kilomètres, un peu plus dans les vallées profondément creusées. Ce liséré de terrain est un espalier merveilleux, exposé en plein midi, abrité par la haute barrière contre les vents et les neiges ; là sont rassemblés tous les arbres, toutes les fleurs, tous les fruits qu'on peut trouver sur 30 degrés du méridien, depuis Arkhangel jusqu'à Beyrouth.

Notre bâtiment longe cette côte, d'abord déserte et sauvage dans la partie la plus resserée, bientôt couverte de forêts, de vignobles, de maisons de plaisance et de palais. On distingue tous les méandres de la route de poste ; elle sort là-haut de la porte du Baïdar comme un serpent de son trou : c'est la route de « la Corniche », dont les Russes sont si justement fiers et qu'ils opposent à la Corniche italienne. Il est très recommandé aux touristes d'arriver sur la côte méridionale par la voie de terre, par la porte du Baïdar ; ce sera l'article premier des guides, quand on en fera pour la Crimée. Les familles trouvent là une auberge, au point précis où il faut s'extasier. J'ai préféré la voie de mer : du bateau qui contourne les rivages de Crimée, on aperçoit d'ensemble la presqu'île, on saisit mieux la diversité d'aspect des deux versants et le caractère général de ce pays.

Sa configuration géographique explique bien le rôle capital qu'il a joué dans l'histoire du monde. Tous les peuples en mouvement se sont posés un instant sur ce rocher, comme les oiseaux émigrants sur l'écueil marin d'où ils choisissent leur route. La Crimée fut pour les navigateurs de l'ancien Orient ce qu'étaient les Antilles pour les explorateurs des Indes occidentales, le perron d'un monde inconnu. Ils s'établissaient sur cette côte charmante, remontaient peu à peu dans les vallées de l'intérieur, sur les plateaux du sommet, et découvraient de là l'obscure Russie. Durant de longs siècles, tandis que la région fabuleuse des Scythes reste enveloppée dans une brume impénétrable, la Tauride est le seul point lumineux qui émerge au clair soleil et témoigne de la réalité du continent qu'elle annonce. C'est là qu'Hérodote et ses contemporains bornent leur connaissances positives, qu'ils viennent recueillir des notions douteuses sur l'au-delà du septentrion. Plus tard, Marco Polo aura un comptoir à Soldaïa, d'où il communiquera avec toute l'Asie ; Rubruquis abordera en Crimée pour s'y renseigner sur la Tartarie ; il trouvera dans la montagne des tribus de Goths qui comprendront encore son langage flamand.

On aurait peine à citer une race qui n'ait pas traversé ce caravansérail en y laissant quelques vestiges. Le sol porte des couches d'histoire superposées comme les stratifications de cette muraille de rocher. De la Grèce, qui posséda longtemps ce rivage, il reste des joyaux enfouis et des syllabes harmonieuses dans l'air; les noms de ces bourgades qui défilent devant nous, Parthénit, Siméis, Orianda, Choréis... Ce doux écho, demeuré d'une lyre détruite,

BAKTCHI-SERAÏ. — LA FONTAINE DES LARMES.

me remet en mémoire les beaux vers d'Apouchtine sur un poète mort :

La corde s'est brisée et le son vibre encore...

Après les Grecs, les Génois, maîtres de la Crimée au moyen âge; sur presque tous les caps et aux débouchés des vallées, voici les forteresses en ruine de ces marchands militaires. A côté d'eux subsistaient des tribus barbares, épaves oubliées sur ce grand chemin : des Goths, des Alains, des Celtes, et ces Juifs de la secte

VILLAGE TARTARE
AU PIED DE L'AJU-DAGH.

karaïte, établis là peut-être depuis la dispersion d'Israël. A partir du treizième siècle, le flot de l'invasion mongole noie et amalgame tous ces débris; les Tatars Nogaïs, détachés de la Horde d'Or, maintiennent longtemps en Tauride le dernier fragment de l'empire de Gengis-Khan. Tour à tour vassaux de la Porte et de la Russie, c'est chez eux que s'engage d'abord ce grand duel qui est toute l'histoire de l'Orient depuis deux siècles. Tant que la Crimée fut disputée, les chances demeurèrent égales entre les deux adversaires; le jour où Catherine la réunit à son empire, comme un gage en avancement d'hoirie, la Turquie dut s'avouer que son démembrement commençait. Malgré les attaches géographiques, c'est bien une province turque, une tête de pont du Bosphore, cette terre musulmane; le maître russe y semble un étranger parmi les hommes, les arbres, les mosquées de l'Asie.

La Russie négligea d'abord le trésor qu'elle venait d'acquérir; à la fin du dernier siècle et au commencement de celui-ci, elle en laissa la jouissance paisible aux Tatars soumis à ses lois. Voronzof, gouverneur d'Odessa sous le règne de Nicolas, fut l'inventeur de la Crimée; il se prit de passion pour le pays qui lui était confié, et toutes les améliorations datent de cet habile administrateur. Il y importa la vigne, qui devait faire la richesse de la côte méridionale, il traça la route de poste de la Corniche; après avoir bâti son merveilleux palais d'Aloupka, il choisit les plus beaux sites pour y élever des maisons de campagne et y dessiner des jardins. Quelques grands seigneurs suivirent son exemple et vinrent coloniser à côté de lui. Ce fut l'âge romantique de la Crimée ; embellie par de luxueuses folies, encore ignorée de la foule, elle était alors un paradis mystérieux réservé aux demi-dieux, aux poètes, aux amours légendaires de ce temps déjà si loin. Cette période prit fin avec la guerre de 1854, qui ruina et dépeupla le pays. Une grande partie de la population tatare émigra en Turquie, sans que les Russes vinssent la remplacer.

Durant les quinze dernières années, la vie et la prospérité sont revenues, grâce au chemin de fer mené jusqu'à Sébastopol, grâce à l'impulsion donnée par Alexandre II. Le défunt empereur préférait sa résidence de Livadia à tout autre séjour ; il attira dans la ville voisine de Yalta ses courtisans et ses fonctionnaires. Dans la Russie monarchique, comme dans la France de Louis XIV, la société polie se règle sur les moindres goût du souverain : elle adopta cette bienheureuse plage, où le soleil de la cour ajoutait son attraction au soleil du ciel.

Tandis que j'évoque ces souvenirs en causant avec les Criméens de passage à bord du *Kotzebue*, la nuit tombe, une ligne de feux s'allume au fond de la rade, le bateau stoppe : c'est Yalta. Je descends à terre. Du balcon d'où je la regarde, la ville inconnue paraît charmante cette nuit ; une cité d'Orient, avec ses maisons blanches parmi les peupliers et les cyprès ; derrière, le cirque des hautes montagnes ; devant, la mer immobile, où la lune promène un grand triangle d'or.

**Yalta, 15 septembre.**

L'enchantement ne tient pas au grand jour. Que de lieux et de gens il ne faudrait voir que de nuit ! Le cirque de montagnes, aux pentes assombries sous les forêts de sapins, reste la seule chose vraiment belle. Dans le bas de la vallée, la végétation est indigente ; de petits platanes phtisiques, de maigres peupliers, tous ces arbres rongés de poussière blanche comme s'ils croissaient à l'orifice d'un four à chaux. La ville est un amas de maisonnettes prétentieuses, de style mauresque, néo-russe, ou tout simplement de ce style qu'on pourrait appeler « de banlieue » ; une fusion éclectique de Tsarskoé-Sélo, d'Alexandrie et d'Asnières, surtout d'Asnières. On bâtit partout ; la spéculation escompte la vogue de Yalta, les terrains se payent au poids de l'argent. L'air est empoisonné par le plâtre et la poussière des constructions autant que par les émanations nauséabondes du vieux quartier tatar. Sur le quai, un hôtel-caserne, des maisons de location, les inévitables magasins de coquillages, de bibelots, de curiosités caucasiennes. Des tchinovniks souffreteux arpentent ce quai en grignotant mélancoliquement leurs grappes de « chachelas » ; on vient surtout ici à cette époque pour faire des cures de raisin. D'autres, attirés par les bains de mer, grouillent entre les planches d'un baraquement fort primitif.

Bref, Yalta manque de caractère; elle n'a plus la couleur locale d'un village du Bosphore ou d'une bourgade de la rivière de Gênes, elle n'a pas encore le confort et l'élégance d'une station maritime d'Occident. C'est une Nice barbare et embryonnaire; le lit pierreux d'un torrent aussi altéré que le Paillon est le seul point d'absolue ressemblance. Comme beaucoup d'autres lieux et d'autres choses en Russie, Yalta traverse cette première phase de la vulgarisation démocratique, âge de disgrâce des peuples et des villes ; on approprie timidement à l'usage de tout le monde ce qui était réservé à l'usage de quelques-uns ; mais les choses faites pour tout le monde n'ont de grandeur et d'agrément qu'alors qu'elles s'adressent à d'immenses collectivités déjà devenues exigeantes. Ici, la concurrence, qui est le ressort des entreprises démocratiques, comme la vanité est celui des fantaisies aristocratiques, n'est pas suffisamment développée.

Les gens de Yalta ont tout juste le pittoresque de leurs maisons, ou, si le pittoresque se rencontre, c'est ce fâcheux apprêt d'opéra-comique médité par les aubergistes de villes d'eaux pour stupéfier l'étranger. Je vois fort peu de Tatars, à l'exception des guides, soutachés d'or, qui offrent des chevaux de louage devant les hôtels; mais ceux-là font métier de leur type oriental, ils sont trop sûrs de leur beauté et savent combien elle est cotée chez le photographe. Le fond de la population est russe, petits marchands ou journaliers venus de l'intérieur pour chercher fortune. Ce n'est pas ici qu'on peut voir la vraie Russie, dans sa force triste et superbe; on ne verra qu'une Russie grimée en Orientale qui fait songer aux modèles italiens de Montmartre. Le soir, un théâtre installé dans le jardin public envoie aux montagnes les refrains de la *Vie parisienne* et de *Madame Angot*, adaptées dans la langue de Pouchkine. Les arts de la civilisation ajoutent aux attraits de la nature dans Yalta bains de mer.

**Orianda, Aloupka, Siméis, 17-19 septembre.**

Ces jours derniers, j'ai visité la plus riche, la plus belle partie de la côte, celle où s'élèvent les plus magnifiques résidences, entre Yalta et Siméis. Je ne veux pas multiplier les descriptions; elles seraient monotones, elles ne peuvent rendre la diversité de ces tableaux faits des mêmes éléments, placés dans le même cadre, et toujours changeants, toujours surpassés par le dernier qu'on voit. Je dois pourtant dire quelques mots de deux endroits célèbres, Orienda et Aloupka. On ne peut vivre en Russie sans entendre parler sans cesse, avec toutes les formules de l'enthousiasme, de ces joyaux de la Crimée. Cette préparation irrite la curiosité et la rend terriblement exigeante ; elle n'est pas déçue par la réalité.

Orianda, propriété du grand-duc Constantin, est située à une petite distance, sur la droite de Yalta. On s'y rend en traversant le domaine impérial de Livadia, qui serait fort admiré partout ailleurs, et qui pâlit ici devant ses opulents voisins. Ailleurs, l'art

BALAKLAVA

et la fantaisie de l'homme ont décoré un nid gracieux ; à Orianda, la nature a tout fait, et elle a fait très grand.

Plus de vignobles, plus de culture, très peu de jardins ; une puissante forêt de chênes accrochée aux crêtes du Yaïla, déroulée sans interruption, avec des plis de draperie d'une beauté sculpturale, jusqu'aux premières vagues de la mer ; déchirée çà et là par d'énormes saillies de roches, par des pans de montagne écroulés qui profilent sur les eaux leurs attitudes d'une hardiesse menaçante. Tout est contraste entre les impressions que l'œil n'a pas coutume d'associer. Dans le ciel et sur l'horizon marin, une lumière d'Afrique; sous les voûtes d'arbres et de rochers, de fraîches ténèbres, les accidents et la végétation d'une vallée des Alpes. Sur le rivage, un sol convulsé de colère, les membres de ces grands squelettes culbutés pêle-mêle; à leurs pieds, sans même un cordon de plage qui fasse transition, la nappe d'azur endormie, cette

ENTRÉE DE LA VILLE DE SÉBASTOPOL (BASTION DU MAT).

mer d'une sérénité immuable, comme le fond de certaines âmes et le bleu de certains yeux.

Dans le creux des ravins étranglés entre les quartiers de montagne, des cascades bruissent et se précipitent. Trois voix se marient et forment un concert perpétuel : le chuchotement de ces sources, le souffle du vent dans les cimes des arbres, les répons égaux de la vague sur les galets; les deux dernières dominent tour à tour, suivant que gronde plus fort la houle du large ou le vent de la forêt. Telles les voix alternées qui célèbrent la gloire de la terre dans les hymnes du Psalmiste. Parfois, un carillon de bronze jette sa note dans ce concert; il sort des branches d'un vieux chêne; c'est le clocher original où l'on a imaginé de suspendre les cloches de l'église.

Il y a quelques années, le palais d'Orianda a été détruit par un incendie. Le grand-duc a voulu que les matériaux de sa demeure fussent employés à la construction d'une église. Il s'est proposé de restituer avec la plus scrupuleuse exactitude l'architecture des anciennes chapelles byzantines de la Géorgie. Le prince me montre avec sa bonne grâce habituelle la décoration de mosaïque, confiée à Salviati, et tous les détails d'aménagement qui feront de cet édifice un bijou artistique.

Tandis qu'il m'explique ses plans, je l'entends qui donne un ordre en turc au gardien et je lui marque ma surprise. Il me raconte la bizarre odyssée de son sacristain. C'est un ancien officier de l'armée ottomane : pris par les Russes au Caucase en 1854, il s'initia au christianisme durant sa captivité ; libéré à la paix, renvoyé à Constantinople, le Turc retourna bientôt en terre chrétienne pour se convertir et résolut d'entrer en religion. Les vœux étaient méritoires pour un homme à qui Mahomet faisait la vie facile. Cependant aucun monastère ne s'ouvrit devant lui. Il alla frapper à toutes les portes saintes, à Kiev, au Caucase, au mont Athos ; nulle part les moines ne voulurent admettre ce circoncis. Rebuté partout, il revint de guerre lasse chez son protecteur, qui l'installa dans ce pieux emploi. Cet officier turc, sacristain d'une église orthodoxe, symbolise bien les deux mondes qui se touchent en Crimée, l'adhérence naturelle des Russes et des populations musulmanes, sous les faux dehors d'une lutte irréconciliable.

On ne se lasse par d'errer dans ce bois. C'est à chaque pas une surprise nouvelle, un rideau qui s'entr'ouvre sur une vue lointaine, éclatante. En regagnant la route, j'atteins la pointe de rocher la plus élevée, couronnée par une rotonde à colonnade grecque. D'ici le regard embrasse la rade de Yalta et tout le vide illuminé qui appelle. Des voiles partent au large, les pensées fuient parmi elles, voiles et pensées vont se perdre là où on ne sait pas. D'autres voiles se rapprochent, il semble que ces barques poussées vers des lieux si beaux doivent être chargées de quelque bonheur inconnu. Le vent leur manque pour arriver.

La route de poste quitte Orianda, s'élève, franchit le col qui sépare la vallée de Yalta de celle d'Aloupka et redescend sur l'autre versant. Elle traverse les villages tatars échelonnés à mi-côte, Gaspra, Myshore, Choréis. Partout la gracieuse fontaine turque, chargée de versets du Koran, nichée dans un bouquet de platanes, centre de la vie publique; des groupes de femmes respirent la fraîcheur alentour. Un chemin s'embranche sur la chaussée au-dessous de Myshore; à travers les champs d'oliviers, abrités dans les tièdes replis de ce vallon, il vient aboutir dans la cour d'honneur d'Aloupka. C'est la résidence que Voronzof avait choisie pour en faire la capitale de son petit État de Crimée; là son génie fastueux s'efforça de rivaliser avec les *Mille et une Nuits.*

Qu'on se représente la scène légèrement inclinée d'un théâtre, dont la cuvette de mer serait le parterre et la muraille du Yaïla la toile de fond. Cette muraille atteint ici sa plus grande hauteur sur un plan rigoureusement vertical; elle sert de piédestal à la dent de l'Aï-Petri, le point culminant de la chaîne; ce bloc brillant découpe ses déchirures sur le ciel, égal et sombre de ton comme une table de lapis. La paroi de roche polie réverbère la clarté que lui envoie le miroir des eaux. Sur ce fond de tableau surgit un palais arabe, bâti en marbre gris bleu de Gaspra. Au centre de la façade qui regarde la mer, la grande porte de l'Alhambra de Grenade, reproduite avec les dimensions et toute l'ornementation de l'original : colonnettes et caissons de stuc blanc, inscriptions koufiques en faïence verte. De ce porche monumental, où s'encadre l'horizon de la mer Noire, un escalier descend vers la grève; des lions en marbre de Carrare gardent les extrémités des degrés; l'autre jour, en passant au large, nous distinguions de fort loin ces grands animaux blancs, qui semblaient une avenue de sphinx d'Égypte. Devant les ailes du palais règnent des terrasses disposées en jardins d'hiver ou couvertes de berceaux de vigne; les énormes sarments sortent d'un massif de fleurs odorantes; par-dessus les parapets de ces terrasses, on entrevoit le scintillement des vagues à travers un épais rideau de caroubiers, de figuiers, de myrtes et de tamaris. Autour des bâtiments d'habitation, depuis les plus hautes pentes jusqu'à la plage, le parc déploie ses trésors de végétation, essences rares, bois de magnolias hauts et touffus comme des futaies de chênes, allées de cèdres et de cyprès, noyers, sycomores, pins-parasols isolés sur des vertes pelouses dont le gazon va défier la morsure des flots.

Ce château est vraiment seigneurial et peut loger tout le rêve des plus exigeants. Les palais du Sultan, à Constatinople et sur la côte d'Asie, sont plus considérables; mais ils ne sauraient lutter avec Aloupka pour la magnificence de certains détails, pour la beauté du site et des jardins. Un Russe de la première moitié de ce siècle pouvait seul concevoir et exécuter cette féerie orientale. Rencontrée en Russie, elle donne la même impression de gageure que ces bals du Palais d'Hiver connus sous le nom de *Bals des palmiers*, quand, par vingt degrés de froid, on arrive sur un chemin de neige dans une salle transformée en serre tropicale, où les femmes décolletées sortent de leurs fourrures sous une voûte de palmiers, d'orangers et de camélias en fleur. La Russie n'aime que l'impossible, et elle en a vite la lassitude. Les hautes salles mauresques d'Aloupka sont désertes, avec un air abandonné. Dans le labyrinthe des allées du parc, je ne rencontre qu'un vieux musulman qui regagne là-haut son village.

Je le suis. Je vais m'asseoir devant une petite auberge accolée à

BAKTCHI-SERAI. — ENTRÉE DU PALAIS DES KHANS.

l'élégante mosquée bâtie par Voronzof pour ses Tatars. Soudain une cantilène bien connue retentit au-dessus de ma tête ; c'est le muezzin, qui de la galerie du minaret appelle les croyants à la prière de midi. *Bismillah il Allah, Mohammed raçoul Allah !* Que de fois je l'ai entendue, cette incantation de mes années vagabondes, en Asie, en Syrie, en Roumélie ou en Égypte ! Mais ici la voix rauque du muezzin est plus faible ; découragée et soumise comme sa race et sa religion, elle parle bas sous le palais du maître moscovite. Elle n'a plus confiance en elle-même. La prière de l'iman tatar s'en va suppliante par-dessus la mer, vers Stamboul et la Mecque, vers Allah, qui l'a abandonné au pouvoir de l'infidèle.

Au delà d'Aloupka, la Corniche se resserre, les terrains cultivés et boisés sont rabattus vers la plage. La petite anse de Siméis abrite un dernier groupe d'habitations sous les rochers qui ferment la

BAKTCHI-SERAI. — PORTE D'ENTRÉE DU PALAIS.

côte de l'ouest. Je pousse jusque-là pour saluer d'anciens amis. Le hasard a réuni dans cette retraite, à dix minutes de distance, les deux hommes qui ont exercé peut-être l'action la plus marquée sur les destinées de la Russie depuis un quart de siècle : le général Milutine et le général Ignatief. Le premier a dit adieu au monde, il plante ses vignes avec le détachement de Cincinnatus; la mer, sa voisine, lui murmure depuis longtemps que tout est naufrage et vanité. Le second n'est ici qu'un passant; toujours prêt pour l'action, avec sa verve intarissable, son entrain juvénile, son affabilité proverbiale. Au bord de cette baie ensoleillée, dans ce paysage d'Asie, entouré de serviteurs turcs, Nicolas Pavlovitch peut se croire encore à Buyukdéré; ce qu'il écoute dans les flots de la mer Noire, c'est le bruit vivant qu'ils apportent de Constantinople, ou cet autre tapage qu'ils recueillent depuis quelques jours sur leur rive bulgare. Les heures passent rapides à causer des souvenirs communs du Bosphore, à évoquer des figures mortes, de l'histoire contemporaine déjà refroidie. Nos rêves inégaux d'il y a quinze ans sont aujourd'hui bons à mettre ensemble; calculs de puissance pour le faiseur d'empires, chimères plus légères pour le voyageur ; quand elles fuient sous le vent au crépuscule, toutes les fumées ont la même couleur.

Rentré ce soir à Yalta, je retrouve dans la salle à manger de l'hôtel de Russie le public de baigneurs. Quand on a vu dans la journée tant de beaux arbres, il ne faudrait pas voir des hommes; les hommes semblent moins beaux. Oui, mais qu'ils sont curieux! Surtout à cette heure, dans cette fonction, chacun retranché derrière sa petite table, mangeant et pensant isolément. Il y a là du monde de toute sorte, des négociants, des oisifs, des officiers, des fonctionnaires, et même deux prêtres catholiques, des Polonais sans doute ; aucune particularité de leur costume ne les trahit, mais on reconnaît sur leur front le caractère indélébile, le pâle reflet de la lampe de l'autel. Sur la galerie extérieure, une fanfare joue la sérénade de Schubert.

Tandis que la nourriture et le vin font remonter de la chaleur dans tous ces cerveaux, les ondes musicales viennent les frapper avec des effets divers. On devine ces effets aux expressions fugitives qui passent sur les visages entre deux bouchées : béatitude, sentimentalité vague, mélancolie, effort de mémoire. Pour la plupart, la musique n'est qu'un excitant qui redouble l'activité de leur pensée du moment; pensée de lucre, projet d'ambition, inquiétude de santé, idée gaillarde, réflexion abstraite. Chacun se compose un masque et serait désolé qu'on pût voir dans l'intérieur de sa petite boîte, sans se douter que les petites boîtes, mues par des rouages identiques, sont faciles à pénétrer. Ils suivent leur préoccupation de l'instant avec de faibles à-coups de volonté qu'un verre de vin suscite, qu'un second verre éteint. Heureuses gens! ils arrangent le monde au gré de la pensée qui les amuse; pas un ne s'épouvante et ne se décourage à l'idée que son crâne est un petit clapet employé pour faire nombre dans une immense machine; à l'idée que la vie universelle poursuit son travail, qui seul a un sens, avec leurs mille petites affaires privées, qui n'en ont point.

Pas un ne se dit que cette vie impitoyable va bientôt utiliser ces crânes sous une autre forme, quand, disséminés sous terre en vingt endroits, la vie reprendra leurs éléments pour recomposer des combinaisons nouvelles du grand jeu.

Que restera-t-il alors des millions de pensées qui viennent d'être produites par ces cerveaux, depuis une heure seulement, dans la salle à manger de l'hôtel de Russie? Où va et à quoi sert toute cette poussière d'idées? Elle existe pourtant, une fois produite; elle ajoute aux effroyables quantités idéables qui s'accumulent dans le monde. Les petites boîtes n'en n'ont pas souci; elles continuent de fonctionner avec plus de rapidité, activées par l'effluve vital de l'estomac, par le sang nouveau qu'elles s'incorporent. C'est risible; et pourtant, si l'on touchait certains ressorts connus, dans cette minute où elles sont bien préparées, on leur ferait accomplir des actes sublimes; avec telle parole, tel spectacle, telle note de musique d'un effet sûr, on inciterait presque tous ces hommes aux héroïsmes qui tirent des larmes; le marchand sacrifierait ses plus chers intérêts, la femme dévouerait sa vie, le soldat irait se faire tuer, le prêtre se faire martyriser. Rien que pour se procurer cette mangeaille, des cerveaux pareils créent depuis des milliers d'années des inventions absolument belles; belles de la beauté mathématique, sur laquelle aucun doute ne peut mordre.

Demain, d'ailleurs, à la première minute du réveil, une petite lampe claire, inextinguible, la même pour tous, illuminera un instant leur pensée; indépendante de l'estomac, et, comme je le crois, extérieure au mécanisme cérébral qui sert pour les communs usages, cette conscience du matin rectifiera sur un plan invariable leurs idées contradictoires ou mauvaises de ce soir. Il faut bien croire que ces boîtes sont réglées suivant un dessein préconçu, avec infiniment d'intelligence et de bonté. Il faut les respecter après en avoir ri. Oui, les arbres étaient plus majestueux d'apparence; mais que c'est drôle et mystérieux, des hommes! quelle sotte chose! quelle sainte chose!

Aï-Petri, 20 septembre.

Après le Tchatyr-Dagh, — le mont de la Tente, — nœud central du massif de Crimée, la dent de l'Aï-Petri est la cime la plus élevée du Yaïla. Elle domine la vallée de Yalta, celle d'Aloupka, et tout le développement des côtes, depuis Foros jusqu'au delà d'Yoursouf. Il faut y monter, non pas pour le plaisir de grimper, mais parce qu'aucune promenade ne montre mieux avec quelle rapidité et quelle richesse toutes les zones de végétation se succèdent sur la pente de ces montagnes; et aussi parce qu'aucune route, ni dans le Liban, ni dans l'Apennin, n'offre des points de vue composés avec autant de variété, autant de magnificence. Le chemin de voitures, fort bien tracé, développe ses lacets durant vingt-cinq kilomètres, depuis Yalta jusqu'au sommet du plateau; de là on atteint la dent après trois quarts d'heure de marche.

On laisse dans le bas de la vallée la vigne et les plantes méridionales. Sur les premiers contreforts, le sol pierreux et brûlé ne porte que des arbustes : aubépines, genévriers, églantiers, clématites sauvages. Un peu au-dessus, les pins d'Italie commencent : on a établi dans cet endroit une station sanitaire à l'instar

TCHOUFOUT-KALÉ. — RUINE DU MAUSOLÉE.

d'Arcachon. A mi-hauteur, le chêne, l'érable, le tremble, se mêlent aux conifères. Encore quelques centaines de mètres, et aucune feuille ne vient plus égayer l'uniformité de la forêt noire. Pins et sapins sont d'une venue superbe; leur masse obscurcit tout le vaste entonnoir dont on gravit les spirales. Cette mer sombre se déroule sous nos pieds; l'autre mer, qui lui succède sans transition pour le regard, en paraît plus claire et plus dorée. Au tournant de chaque lacet, la vue change et s'étend, tantôt sur la rade de Yalta, tantôt sur Choréis, Myshore, les tableaux de l'autre versant. Comme on approche du faîte, le hêtre succède aux pins, vigoureux d'abord, puis rabougri et pelotonné sur les roches. Un dernier échelon et nous débouchons sur le plateau. La tempéra-

ALOUPKA SUR L'AÏ PETRI.

ture tombe brusquement de quinze degrés; plus d'arbres ni d'arbustes; la steppe, une herbe rare que paissent des troupeaux, autour de lacs saumâtres. Nous rentrons en Russie.

Avant d'atteindre l'Aï-Petri, on rencontre encore, dans un pli de terrain, quelques hêtres nains, quelques airelles enracinées sous les pierres roulantes. Après, toute végétation disparaît. Je me trompe : je ramasse sur le rocher une anémone des Alpes. Oh ! la jolie petite fleur d'entre ciel et mer! Elle a le cœur tout bleu, tout plein du reflet des deux seules belles choses qu'elle ait jamais vues. Premier chaînon de la vie, au sommet de cette pyramide du règne végétal dont nous venons de compter les assises, elle précède bravement le grand peuple forestier; toute la sève de la terre aboutit à son calice, elle a pour soi toute seule les premiers rayons du soleil levant; et comme elle ignore les lourdes puissances d'en bas, elle croit sans doute que le monde est fait pour les anémones. Non, petite fleur, il est fait pour l'homme, qui te prend et t'emporte dans son pays lointain.

Nous arrivons au bord de la crête. On se couche en avançant la tête, car on aurait le vertige à moins. A seize cents mètres en ligne droite au-dessous de nous, la côte, qui paraît d'ici un mince cordon, développe sa ligne accidentée de caps et de golfes, ses palais et ses villages menus comme des joujoux. Au delà, l'immensité de la mer, mouchetée de points noirs qui sont des paquebots. A quelques toises au-dessous du rebord, un grand pin s'est cramponné dans une anfractuosité du roc. En voyant ses frères, les mâts des navires, courir sur les vagues, éprouve-t-il le sentiment d'envie et d'aventure qui s'empare de l'homme en pareil cas? Virgile le croyait : *Casus abies visura marinos.*

En face de nous, tout l'horizon du sud, tiède, baigné de clarté. La mer est soudée au ciel par un voile de brumes laiteuses qui enveloppe les terres d'Asie. Un air chaud monte du précipice sur lequel nous sommes penchés. Cependant nous frissonnons aux morsures d'un vent glacial. Il arrive par derrière. C'est le souffle de la Russie. En se retournant vers le Nord désolé, on croit la voir tout entière; on croit sentir sa poussée formidable, accumulée durant des milliers de verstes, qui vient peser sur la muraille de Crimée. A partir de ce plateau et sans guère changer d'aspect ni de climat, la Russie court, nivelée, affranchie de toute barrière, jusqu'à la mer Blanche. Dans quelques jours, elle déroulera sa robe de neige jusqu'à la place où nous sommes. Le soleil ne lui dispute que cette bande de terre sous la montagne, mince frange d'or et de fleurs brodée au bas de la longue, triste robe blanche. Elle est arrêtée comme nous au bord de l'abîme, la Russie; elle regarde la mer charmante; de ce plateau, le tentateur lui montre les royaumes de l'Orient : à gauche, l'Arménie sous le Caucase; en face, l'Asie Mineure; à droite, le Bosphore et un mirage étincelant, la coupole de Sainte-Sophie. Comme nous, la Russie a le vertige en regardant l'horizon du Yaïla.

A la descente, la nuit nous prend dans les forêts de pins. Des Tatars, qui charrient dans la vallée les bois coupés sur la montagne, bivouaquent autour de grands feux; les troncs s'empourprent aux réverbérations des flammes. Entre les aiguilles des hauts parasols, les étoiles brillent comme des lucioles.

Route du Baïdar, 21 septembre.

De Yalta, on peut regagner Sébastopol en un jour par la route Voronzof. C'est un peu moins de cent kilomètres. Ils passent vite! la promenade est si belle, tant qu'on s'attarde sur le versant méridional; le contraste est si frappant dès qu'on arrive sur l'autre! Je l'ai refaite aujourd'hui une dernière fois, cette route de la Corniche; j'ai vu encore s'égrener sur la côte ces châteaux, ces villages qui enchantent l'œil de leur aspect et l'oreille de leurs noms : Orianda, Myshore, Choréis, Aloupka, Siméis... Au delà de ce dernier, et jusqu'à l'extrémité du cirque qui se referme sur la mer au cap de Laspi, le pied du Yaïla devient rude et désert; ses parois mal attachées, toujours à pic ou en surplomb au-dessus de la route, sont trop menaçantes, trop instables pour permettre des établissements sur les pentes, sur la plage. Tous les dix ou quinze ans, un nouveau pan de la muraille s'écroule dans le bas pays. Les Tatars rebâtissent alors leurs hameaux sur ces coulées de roches : ainsi Limaine, Kikinéis, Foros. Les derniers zigzags de la route, avant la porte du Baïdar, traversent un chaos comme on en voit dans les Pyrénées; rien n'est plus pittoresque et plus hardi que les prodiges d'équilibre des parties de montagne restées debout. De grands vautours chauves sortent des failles et planent le long des crêtes.

Un pylône en granit, formant un petit tunnel, engloutit la route sur l'arête du col par où l'on sort de la Crimée méridionale. C'est ce qu'on appelle la porte du Baïdar, du nom de la longue vallée où l'on s'engage sur l'autre versant, et qui relie les plateaux du Yaïla à ceux de Chersonèse. Le Baïdar est un vaste entonnoir de forêts, avec des clairières où s'élèvent des villages musulmans. Cette partie du trajet est agréable, autant que quelque chose peut l'être quand les yeux viennent de perdre la mer rayonnante et la lumière immédiate du Sud, ces joies auxquelles rien dans la nature n'est comparable.

On ressort du Baïdar par une gorge étroite, fort sauvage; au fond serpente un affluent de la Tchernaïa. A l'orée de cette gorge, du point où se trouve le relai de poste, on ne voit plus devant soi qu'une suite de monticules indécis, un paysage morne et vide; un seul objet arrête les regards, sur l'arrière-plan; cela semble un mur de clôture avec une tour. Je demande à une petite fille, l'unique être vivant qu'on aperçoive devant la maison de poste, ce qui surgit là-bas à l'horizon. Elle me répond : « C'est le cimetière des Français. »

Voilà donc le repère qui m'annonce le voisinage de Sébastopol! C'est bien. Dans cette gorge sinistre où on la reçoit tout d'abord, l'impression est très forte, très belle. Mais que nous sommes loin des merveilleux décors traversés ce matin! Des landes nues, sablonneuses, puis les plateaux arides de Chersonèse; des ossuaires, des pyramides qui rappellent des combats. La route coupe le champ de bataille de Balaklava, en avant de Kadi-Koï, là où tombèrent les dragons d'Enniskillen et les Écossais gris de lord Cardigan, soutenus par les chasseurs d'Afrique du général d'Allonville. Et tout le long de cette route, des souvenirs semblables, sur des friches toujours plus dénudées, enveloppées de poussière noire, jusqu'aux faubourgs écroulés de Sébastopol, dont voici les lumières et les feux de mer.

Sébastopol, 21-23 septembre.

Jusqu'à ces dernières années, Sébastopol était restée exactement dans l'état où les vainqueurs la trouvèrent, le 9 septembre

1855 : un cadavre de ville, enseveli sous un amas de pierres émiettées par les bombes, les explosions, l'incendie. On ne pouvait pas dire que ce fût un champ de ruines; dans cette seconde Troie, comme l'appelait le maréchal Vaillant, les ruines mêmes avaient péri. La population, qui s'élevait avec la garnison au chiffre de quarante-cinq mille âmes avant le siège, était tombée à cinq ou six mille. Les eaux de la baie n'étaient hantées que par des fantômes de navires, les carcasses de la flotte abîmée dans cette rade depuis trente ans.

TCHOUFOUT-KALÉ. — MUR D'ENCEINTE.

Aujourd'hui, la malheureuse cité renaît, grâce aux circonstances politiques qui ont rendu à la Russie sa liberté d'action dans la mer Noire. Une ligne ferrée descend de Pétersbourg et de Moscou à travers tout l'empire; elle vient aboutir au fond du ravin du Sud. On rebâtit; des maisons blanches et coquettes percent çà et là les décombres. Mais la résurrection ne fait que de commencer : il est facile de se représenter ce qu'était naguère tout cet amphithéâtre, en parcourant certains quartiers; l'herbe y pousse sur les fondements bouleversés; poutres et moellons gisent encore à la place où les écrasa le boulet. Malgré toutes les descriptions qu'on a lues, on éprouve d'abord quelque peine à reconnaître les emplacements historiques dans cet enchevêtrement de collines, de ravins et de baies où Sébastopol est disséminée par petits paquets.

Pour le voyageur qui arrive de la mer, ce panorama un peu confus se ramasse en quelques grandes lignes : à droite, le ma-

VUE DE SÉBASTOPOL. PRISE DE KARABELNAYA.

melon de la ville, avec ses maisons neuves et ses ruines étagées sur les croupes ; à gauche, la falaise et les petites anses de la rive septentrionale, dominée par la montagne des « Tombeaux fraternels ». En face, le faubourg de Karabelnaïa arrondit son éperon dans le fond du golfe, avec ses arsenaux, ses chantiers, ses docks de radoub. Quel admirable port ! Si l'on excepte la Corne d'Or, je n'en connais pas de plus vaste et de plus sûr dans les eaux du

Levant. La nature a tout fait, il n'est pas besoin d'une seule jetée pour y rompre la mer; par les plus gros temps, le lac intérieur de la baie du Sud, coudé sur le golfe principal, offre un abri tranquille et profond à toute une flotte.

Au-dessus des chantiers de Karabelnaïa, sur un vaste terre-plein, une masse imposante arrête tout d'abord le regard; le soir, aux clartés de la lune, elle fait songer au Colisée de Rome. C'était un corps de casernes, bombé en hémicycle sur le port; il couvrait d'un seul tenant tout le plateau et pouvait loger une armée. De ces bâtiments il n'est demeuré qu'une muraille circulaire, trouée de milliers d'ouvertures, qui fait écran sur le ciel. Adossée à cette gigantesque ruine, au sommet d'un socle fort élevé, la statue de bronze de l'amiral Lazaref commande toutes les eaux des rades; c'est d'un grand effet.

Par delà ces premiers plans, des assises de roches calcaires, coupées par des ravines, se redressent et vont rejoindre à l'horizon les plateaux d'Inkermann, les crêtes du mont Sapoun; paysage vide de végétation et d'accidents, stérile et poudreux comme les abords d'un polygone. On ne distingue qu'un point blanc sur la première ligne des hauteurs : c'est Malakof.

Toute l'activité de Sébastopol est concentrée sur le port militaire et dans les docks d'armement. On y travaille jour et nuit, la nuit à la lumière électrique. Mais il ne faut pas s'attendre à trouver ici une forêt de mâts. Comme la Russie a fait grand bruit de ses efforts et de ses espérances, on s'imagine que la nouvelle flotte de la mer Noire est déjà une réalité. Voici à quoi elle se réduit : un cuirassé à flot, non armé encore, le *Tchesmé*, inauguré récemment par l'Empereur; un second cuirassé, le *Sinope*, en construction sur les chantiers. Pour le surplus, quelques avisos, et des monstres aux formes étranges, lamentablement emprisonnés dans les bassins; ce sont les *popofki*, les fameux bateaux circulaires pour lesquels l'expérience a été si cruelle. Parmi eux la *Livadia*, le yacht impérial du même type, semblable à un château flottant, — qui ne flotterait pas. Il est aujourd'hui désarmé.

Entre les gros navires serpentent les longues flèches d'acier des torpilleurs. Par les soirées les plus claires, quand ces engins invisibles courent sur la rade, on n'aperçoit que leurs fanaux, errant sans corps comme des feux follets. Les marins que je rencontre ont bonne tournure, des hommes alertes, dégagés, bien tenus.

A terre, il y a peu de chose à voir dans la pauvre ville. Elle n'offre quelque animation que sur le boulevard en fer à cheval qui l'enserre dans toute sa longueur. Dans le Musée du siège, un vieux défenseur de Sébastopol me montre des souvenirs historiques. On achève d'élever la cathédrale qui doit remplacer l'ancien temple grec, copié sur celui de Thésée à Athènes, et dont il ne reste qu'une colonnade ébréchée Sur les quatre faces de la nouvelle basilique, des plaques de marbre noir portent les noms des quatre amiraux légendaires : Lazaref, Istomine, Kornilof, Nakhimof. Ces deux derniers noms reviennent sans cesse sur les lèvres des Russes avec un accent de piété particulier; il n'en est pas de plus vénérés dans toute leur histoire, et à plus juste titre. Kornilof et Nakhimof ont égalé en simplicité, en grandeur, tous les hommes de Plutarque; ils ont laissé la plus pure image de cette beauté morale qui illumine certaines morts, comme la beauté physique transfigure parfois le visage des trépassés.

Les lignes du siège.

Il faut sortir de la ville pour trouver les monuments qui passionnent l'intérêt; ces monuments, ce sont des amas de terre, quelques fossés comblés, quelques excavations; vestiges informes, mais qui ressuscitent devant les yeux une des plus terribles épopées de l'âge moderne. Les lignes du siège sont encore visibles sur tout le pourtour de Sébastopol, respectées par le temps et par les hommes; les armées pourraient venir reprendre leurs positions et continuer la sape au point où elle fut abandonnée.

Au sommet de la montagne de la ville, sur le front escarpé qui regarde les ravins, une plantation d'arbustes malingres porte le nom de *boulevard Historique;* c'est l'emplacement du quatrième bastion, — le bastion du Mât des alliés; — on sait que ce point était la clef de la défense; il est resté pour l'imagination des Russes le lieu héroïque et sacré entre tous, celui auquel se rattachent les plus terribles souvenirs d'efforts et de souffrances. Pendant longtemps, dans leurs armées, les officiers du quatrième bastion bénéficièrent d'un prestige d'estime et de curiosité; ce n'étaient plus des hommes comme les autres. Tolstoï, qui fut un de ces officiers, a raconté comment on vivait et l'on mourait au quatrième bastion. Ceux qui ont lu les *Scènes du siège*, écrites par le grand romancier, n'ont pas oublié ces pages saisissantes; ils se rappellent peut-être le petit chemin où les bombes éclatent dans les convois des blessés, où les soldats et leurs chefs, ceux qui vont au feu et ceux qui en reviennent, se croisent avec des sentiments mêlés de crainte, de résignation, d'orgueil et d'horreur. Ce chemin, c'est le *boulevard Historique* d'aujourd'hui. Il aboutit au fossé; voici, dans l'épaisseur de l'épaulement, les chambres casematées où l'on devisait en jouant aux cartes, en attendant son tour de monter sur ce parapet d'où l'on ne revenait guère. Au delà du parapet, le sol est bouleversé, comme labouré par une charrue furieuse qui l'aurait défoncé en tout sens. Sur tout le parcours du front d'attaque, long de sept à huit kilomètres, la terre a le même aspect; elle est saturée de fer comme aux alentours d'une mine, elle a gardé l'ensemencement stérile des quinze cents bouches à feu qui la travaillèrent durant douze mois, sans un jour de relâche.

De l'autre côté des ravins, on entre dans les lignes de l'assiégeant. Sur la droite, le plateau de Chersonèse déroule jusque vers Kamiesch l'emplacement des camps français. Une maison cachée dans un bouquet d'arbres est le seul point vivant; c'est la même qui servit de quartier général à Pélissier. En tirant vers le nord, on dépasse le Grand Redan, les attaques anglaises, le mamelon Vert, tous ces lieux qui ont rempli le monde du bruit de leur

ÉGLISE DE SAINT-VLADIMIR.

nom, aujourd'hui si vides et si tranquilles. Ce n'est que cela, ces petits champs de pierraille, dont la possession fut payée au poids de la chair humaine!

Un chemin aux pentes très raides conduit à la tour Malakof. Le mot *tour* est ambitieux pour cette espèce de corps de garde élevé seulement de quelques mètres. On sait comment une poignée de défenseurs s'y maintint, fusillant par ses embrasures nos soldats maîtres de l'ouvrage. A Malakof, comme au quatrième bastion, les Russes ont planté un maigre jardin sur le rempart effondré; ils ont réuni sous une pyramide les ossements, les leurs, les nôtres ramassés pêle-mêle dans le fossé. Ici encore, la terre est restée hachée par la charrue infernale; voilà sur tout le pourtour les trous de loups où s'embusquaient les tirailleurs de l'assiégé; et, à quarante-cinq mètres, la tête de la tranchée d'où s'élancèrent les soldats de Mac Mahon. En remuant du pied les mottes du

CIMETIÈRE DE SÉBASTOPOL.

jardin, on met à découvert des balles, des amorces. De cette position dominante, il suffit d'un coup d'œil pour comprendre que la ville était perdue en perdant Malakof. Avant d'y entrer, les vainqueurs ne soupçonnaient pas eux-mêmes toute l'importance de cette conquête, ils n'étaient pas certains qu'elle mettrait fin à la lutte; ce fut seulement après avoir gravi ces talus qu'ils virent au-dessous d'eux Sébastopol à leur merci.

Les cimetières.

En dehors de Sébastopol, et par delà les lignes du siège, une troisième ligne d'ouvrages, ceux de la Mort, couronne les hauteurs. La ville des vivants est bien petite, en comparaison de cette vaste superficie des nécropoles où reposent, dans leurs quartiers respectifs, deux cent cinquante mille hommes venus se coucher ici de toutes les patries. C'est le chiffre généralement admis comme le minimum des pertes subies pendant le siège par les armées engagées. Ce peuple évanoui est distribué un peu partout, par grandes masses et par petits pelotons, dans les enceintes de terre bénite et dans les terres vagues, sous les pyramides qui indiquent les champs de bataille, à Balaklava, à Inkermann, à l'Alma.

Ma première visite est pour le cimetière français, un enclos planté de quelques arbres sur le plateau de Chersonèse, à l'endroit où s'éleva notre camp. On dirait un quartier de ce camp oublié lors du départ. Ces caveaux blancs, alignés le long des allées, ont l'aspect de grandes tentes, mais de tentes immobiles pour l'éternité. Sur les revêtements de marbre, de longues listes de noms déroulent leur pieux annuaire. Beaucoup de ces noms rappellent des épisodes célèbres, on relève la tête en les lisant; d'autres s'effacent déjà, chaque hiver les neiges russes emportent quelques-unes de ces glorieuses syllabes. J'ai eu l'occasion de dire ailleurs combien la tenue de notre cimetière laissait à désirer; ceux qui ont le devoir d'y veiller ont fait honneur à leur charge en prenant sans retard les mesures nécessaires. Malgré tout, ces morts de Crimée ne sont pas à plaindre : ils sont tous venus ici un soir de victoire. Pourvu seulement qu'on n'apprenne jamais rien dans la terre, que rien n'y descende jamais des mauvais bruits d'en haut! Pourvu que plus tard, aux heures changeantes, ces heureux soldats n'aient jamais rien su du deuil de leurs camarades vaincus!

Plus loin, l'enclos de nos braves alliés d'Angleterre; puis, çà et là, les îlots funèbres dont j'ai parlé, et qui vont rejoindre, par delà les falaises de la baie du Nord, la montagne du grand cimetière russe, les « Tombeaux fraternels ». C'est le nom populaire et consacré dont on se sert toujours pour désigner ce lieu; on le voit de partout, la croix au faîte de l'église est le premier objet que le navigateur aperçoive en venant de la haute mer à Sébastopol. Sur les pentes verdoyantes, les tombeaux se mêlent de façon bien touchante; entre les monuments qui rappellent des chefs illustres, des princes issus du sang de Rurik, on rencontre à chaque pas des stèles portant pour toute inscription ces deux mots : *Tombeau fraternel*. Ce sont les os obscurs, anonymes, ceux des légions de serfs accourus, du fond des forêts de l'immense Russie, pour défendre ce morceau de rocher dont ils ignoraient l'existence; pauvres cœurs de paysans qui allaient se faire percer sans savoir pourquoi, et qui étaient alors les plus nobles. Sur un caveau bas, couvert de fleurs, un nom fraîchement gravé : Todleben. On l'a ramené naguère au milieu des siens. La montagne porte à son sommet une église byzantine, en forme de pyramide trapue, d'un beau style bien approprié à la destination. Le jour de Pâques, un prêtre vient ici bénir du même geste et de la même parole tous les chrétiens réconciliés qui reposent sur ce vaste horizon.

De la terrasse de l'église j'entends en bas, dans la plaine, des commandements militaires, des roulements de canons et de caissons; la lande entre la montagne et le golfe sert de polygone, des batteries d'artillerie manœuvrent aux portes du cimetière. Dans ce rapprochement insouciant, qui est presque une bravade, y a-t-il plus de folie ou de grandeur? Creusez tant que vous voudrez l'idée de guerre, vous aboutirez toujours à ces deux termes de l'idée, vous ne pourrez pas plus les accorder que les nier. De Maistre a seul dit le mot, elle est un mystère. Elle permet à l'homme de faire sa fonction d'héroïsme; grâce à celle-là, il se pardonne et on lui pardonne toutes les autres fonctions basses ou douteuses de sa vie.

Je cherchais hier, avec mon pauvre sens humain, les résultats pratiques de la guerre de Crimée; le voilà, le seul résultat persistant de cette guerre et de toutes les guerres : sur un champ de destructions et de souffrances comme ce Sébastopol, l'homme pense mieux de lui-même, il se sent plus haut que dans les villes fameuses où il a accumulé les merveilles des arts et de la civilisation. Dans aucun ordre d'idées, la raison n'est mieux convaincue de sottise par l'évidence de la conscience. La guerre est un mystère, comme la contradiction des sentiments qu'elle suscite; il est fou de vouloir l'expliquer, il est également coupable de ne pas la détester et de ne pas l'admirer. Les canons peuvent rouler, les clairons peuvent sonner sous ces tombes; ils troublent notre entendement, ils ne troubleront pas ces morts, car sans doute ceux-là savent le secret.

Baktchi-Seraï, 24-25 septembre.

Qu'on a vite fait de changer de monde! Me voici tombé ce soir dans une petite ville d'Anatolie, assis au bord de la fontaine, sous un berceau de vigne, dans la cour à ciel ouvert d'un caravansérail turc. Je me crois revenu à Nicée ou à Brousse; c'est la nudité du *khan* classique, le pauvre et pittoresque attirail de la vie musulmane; une galerie carrée, avec son alignement de cellules meublées d'un divan, donnant de plain-pied dans la cour intérieure; au centre, la boutique du cafetier-barbier, toute reluisante d'instruments de cuivre jaune. Un jeune Tatar se démène au milieu de ses petites tasses, il apporte le café et les narghilés à ses clients, de graves personnages, très nobles, parlant peu et bas, accroupis en contemplation devant l'eau fascinatrice, assoupis par le glouglou des bouteilles, d'où monte la vapeur du tabac de Perse. Un portail ouvre sur la rue; là passent, une lanterne à la main, traînant leurs babouches, des vieillards aux turbans verts; ils s'arrêtent à causer devant les établis où les artisans, assis sur leurs talons, travaillent sous les yeux des promeneurs. Ces échoppes d'une rue turque semblent une enfilade de scènes en plein vent, comme celles de nos fêtes foraines, où le commerce oriental donnerait la représentation perpétuelle de ses arts et métiers : bourreliers, maroquiniers, tourneurs, fabricants de pipes, étalages de fruits et de sucreries; industries toujours les mêmes, enfantines, répondant à des besoins très simples, mais réjouissantes pour l'œil et formant autant de petits tableaux composés à souhait.

Baktchi-Seraï est l'ancienne capitale des Tatars de Crimée, confirmée dans ses privilèges par Catherine II et demeurée jusqu'à ce jour exclusivement musulmane. Bien qu'elle compte près de 20,000 habitants, cette ville n'est guère qu'une longue rue déroulée au bord du Djurouk-Sou dans un pli de montagne, entre Simphéropol et Sébastopol, à deux heures de cette dernière. Les Tatars y vivent et se gouvernent à leur mode autour de leurs mosquées.

Vicomte E.-M. de Vogüé.

CHATEAU DE VORONZOF, A ALOUPKA.

www.ingramcontent.com/pod-product-compliance
Ingram Content Group UK Ltd.
Pitfield, Milton Keynes, MK11 3LW, UK
UKHW022202190726
13855UKWH00004B/1584

9 782013 077637